photogravure :
igs-charente photogravure
à l'isle-d'espagnac, france
impression : pollina à luçon, france - L42618

isbn : 978-2-02-094028-3
éditions du seuil, avril 2007

dépôt légal : avril 2007
n° 94028

Petits Gourmets

par guy martin

50 recettes salées

à cuisiner

à colorier

à dévorer

illustrations
de gilles téressin

seuil

Cuisiner avec les miens
a toujours été un moment de bonheur intense.

Enfant, j'éprouvais un sentiment de plaisir mêlé de fierté lorsque je tournais le moulin à légumes sous le regard bienveillant de mon père. Aujourd'hui, je retrouve cet éclat dans les yeux de mes enfants, Ambre et Flavien, lorsque nous concoctons ensemble de nouvelles recettes...

Quel bonheur de les accompagner dans la découverte! Et de les voir grandir en cuisine! Quelle fierté pour eux de se lancer dans la confection de plats salés, signe qu'ils deviennent des grands!

De nos échanges complices sont nées les recettes que je te propose aujourd'hui. Elles sont simples, amusantes, et rapides à faire.

J'ai bien sûr choisi les recettes préférées des enfants. Pizza, nuggets, gaufres, colin pané, croque-monsieur, crêpes fourrées... sont des grands classiques, auxquels j'ai apporté une petite touche d'originalité et de fun.

Place à l'exotisme aussi avec le risotto des îles ou le couscous aux fruits secs, qui font la part belle au sucré-salé si apprécié des petits comme des grands ! Sans oublier les légumes : purées, gratins, salades participent à la fête... Et pour les amateurs de sensations fortes, les épices sont au rendez-vous !

J'ai balisé le chemin,
à toi maintenant de te lancer
avec ta famille et tes amis...

Confectionne ton propre ketchup, compose tes menus de fête avec les copains, invente d'autres recettes à partir des variantes du livre, corse les plats selon tes goûts et les circonstances, et amuse-toi à présenter tes réalisations de manière rigolote, comme le gaspacho servi dans des demi-melons !

En te faisant plaisir
tu transmettras à tous
le goût du bonheur...

Guy Martin

Si tu préfères une cuisson à point, ajoute 2 minutes au temps de cuisson, et si tu aimes que cela soit bien cuit, ajoute 4 minutes.

préparation **15 minutes**
cuisson **14 minutes**

bœuf
sauce saté

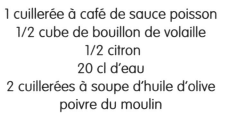

pour 4 personnes

400 g de filet de bœuf
1 carotte
1 courgette
50 g de soja frais
15 g de sucre semoule
15 g de beurre de cacahuètes
2 cuillerées à soupe et demie de sauce soja

1 cuillerée à café de sauce poisson
1/2 cube de bouillon de volaille
1/2 citron
20 cl d'eau
2 cuillerées à soupe d'huile d'olive
poivre du moulin

Coupe le bœuf en fines lanières, puis réserve au réfrigérateur.

À l'aide d'un couteau économe, épluche la carotte et la courgette.
Coupe-les en fines rondelles de 2 à 3 mm environ.

Dans une casserole, fais bouillir l'eau avec le cube de bouillon, réserve hors du feu.

Dans une autre casserole, fais fondre, sur feu doux,
le sucre avec le beurre de cacahuètes, puis ajoute la sauce soja,
la sauce poisson ainsi que le bouillon et le jus du demi-citron.
Laisse cuire pendant 10 minutes pour que ta sauce
prenne une consistance onctueuse.

Mets à chauffer l'huile d'olive dans une poêle et fais sauter
le bœuf avec les rondelles de carotte et de courgette
ainsi que le soja frais pendant 2 à 3 minutes.
Puis ajoute 4 cuillerées à soupe de sauce
et laisse cuire encore une minute.

Donne un tour de moulin à poivre.

Verse dans une saucière le reste de la sauce et sers aussitôt.

Si tu n'as pas de poêle assez grande, fais cuire les brochettes en deux fois. Tu peux remplacer le porc par du thon frais: c'est aussi très bon!

préparation **20 minutes**
cuisson **15 minutes**
repos **15 minutes**

Prévois
12 piques en bois
(type cure-dents)

brochettes de porc au caramel

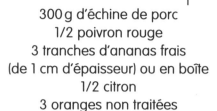

pour 4 personnes

300 g d'échine de porc
1/2 poivron rouge
3 tranches d'ananas frais
(de 1 cm d'épaisseur) ou en boîte
1/2 citron
3 oranges non traitées

1 cuillerée à soupe et
demie de vinaigre de cidre
20 g de sucre
1 cuillerée à soupe et demie d'eau
1 cuillerée à soupe d'huile d'olive
sel, poivre du moulin

Coupe le porc en vingt-quatre dés de 1 cm de côté environ.

Fais également douze cubes avec les tranches d'ananas.

Épluche le demi-poivron, enlève les pépins,
puis fais douze dés de la même dimension que ceux du porc.

Lave une orange et, à l'aide d'un couteau économe, prélève le zeste que
tu découpes en douze carrés de 1 cm en prenant soin de bien enlever le blanc.

Sur chaque pique en bois embroche successivement un cube de porc,
un cube de zeste d'orange, un cube de poivron, un cube d'ananas et termine
par un cube de porc. Presse les oranges et le demi-citron.

Dispose les brochettes les unes à côté des autres dans un plat et verse
par-dessus le jus d'orange et de citron. Laisse mariner au réfrigérateur
pendant 15 minutes. Retire ensuite les brochettes et conserve le jus d'agrumes.

Dans une casserole sur feu doux, fais fondre le sucre avec l'eau.
Lorsque le sucre prend la couleur du caramel, ajoute le vinaigre de cidre et
le jus d'agrumes. Mélange bien et laisse cuire sur feu doux pendant 10 minutes.
Réserve la sauce hors du feu.

Fais chauffer l'huile d'olive dans une poêle, fais colorer les brochettes,
puis cuis-les pendant 3 minutes en les retournant à mi-cuisson.

Verse la sauce sur les brochettes et laisse cuire encore 2 minutes.
Sale et poivre avant de servir.

Tu peux aussi ajouter des radis sous forme de rondelle ou de bâtonnet.

chou façon coleslaw

pour 4 personnes

300 g de chou blanc
1 carotte moyenne
70 g de fromage blanc
1 cuillerée à café de moutarde forte
3 cuillerées à soupe de cerfeuil haché
1 cuillerée à soupe de sauce soja
15 g de miel liquide
30 cl de vinaigre blanc
sel, poivre du moulin

Coupe le chou blanc en fines lamelles.

Épluche et râpe la carotte.

Dans un saladier, mélange les lamelles de chou et de carotte.

Dans une casserole, fais fondre le miel avec le vinaigre blanc,
porte à ébullition, puis verse le liquide sur le méli-mélo de chou et de carotte.

Dans un autre saladier, mélange le fromage blanc
avec la moutarde, le cerfeuil et la sauce soja.

Ajoute la préparation chou-carotte et mélange bien.

Sale et poivre avant de servir.

Tu peux accompagner le poisson avec un mélange de fromage blanc, de cornichons et de moutarde à l'ancienne.

Pour cela, il te faut :
100 g de fromage blanc frais à 0% de matière grasse, 2 cornichons sucrés coupés en fines lamelles (Malossol) et 2 cuillerées à café de moutarde à l'ancienne.

colin pané aux noisettes

pour 4 personnes

4 pavés de colin de 120 g chacun
2 biscottes
30 g de poudre de noisettes
1 œuf
20 g de farine
1 cuillerée à soupe et demie de lait
1 cuillerée à soupe et demie d'huile d'olive

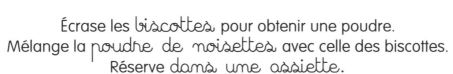

Écrase les biscottes pour obtenir une poudre.
Mélange la poudre de noisettes avec celle des biscottes.
Réserve dans une assiette.

Dans une assiette creuse bats l'œuf avec le lait à l'aide d'une fourchette.

Dans une autre assiette étale la farine.

Sale et poivre les pavés de colin, puis trempe-les successivement
dans la farine, dans le mélange œuf-lait et enfin, délicatement,
dans la poudre de noisettes et de biscottes.

Fais chauffer l'huile d'olive dans une poêle, dispose les pavés de colin
et fais colorer les deux faces en faisant attention de ne pas brûler la panure.

Le temps de cuisson peut varier de 4 à 6 minutes,
en fonction de l'épaisseur des pavés.

Tu peux varier les légumes
en fonction de la saison.
Céleri-branche, céleri-rave
et jeune betterave crus se
marieront parfaitement.

copeaux de légumes croquants en salade

pour 4 personnes

2 carottes moyennes
4 asperges vertes crues
10 radis roses
1/4 de chou-fleur
1 petit fenouil
30 g de parmesan
6 cuillerées à soupe d'huile d'olive
1 citron jaune
2 cuillerées à soupe de cerfeuil haché

Épluche les carottes et nettoie les radis.

À l'aide d'un couteau économe, prélève dans le sens de la longueur
des fins copeaux de carottes, d'asperges et de radis.

Coupe le chou-fleur et le fenouil en fines lamelles de 1 mm environ.

Dans un bol mélange l'huile d'olive avec 2 cuillerées
à soupe de jus de citron et le cerfeuil haché. Sale et poivre.

Place tous les légumes dans un saladier, verse par-dessus
la sauce citronnée au cerfeuil et mélange bien.

Toujours à l'aide du couteau économe, coupe de fins copeaux
de parmesan et ajoute-les dans la salade de légumes.

Si tu aimes la coriandre,
tu peux ajouter une cuillerée
à soupe de coriandre ciselée.
Tu peux aussi remplacer
les amandes par des noisettes.

couscous aux abricots, aux raisins et aux dattes à la cannelle

pour 4 personnes

250 g de semoule fine de couscous
30 cl d'eau
1/2 cuillerée à café de cannelle en poudre
20 g de raisins secs
30 g d'abricots secs
30 g de dattes
8 amandes
10 g de beurre
1 cube de bouillon de volaille
1 pointe de couteau de ras al-hanout
poivre

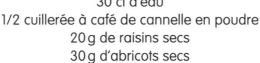

Dans une poêle sans matière grasse,
fais rapidement griller les amandes.
Laisse-les ensuite refroidir avant de les hacher grossièrement.

Dans une casserole, fais bouillir l'eau avec le cube de bouillon et la cannelle.

Plonges-y les raisins, les abricots, les dattes dénoyautées
coupées en huit et la semoule de couscous.

Couvre avec un couvercle et fais cuire pendant 3 minutes.

Hors du feu, ajoute le beurre, couvre à nouveau et laisse gonfler 2 minutes,
puis mélange délicatement, à l'aide d'une fourchette, pour égrener la semoule.

Ajoute les amandes grillées et concassées.

Donne un tour de moulin à poivre et ajoute
une pointe de couteau de ras al-hanout.

Prévois un mixeur

Au moment de servir, tu peux ajouter des petits morceaux de Vache qui rit dans l'assiette.

crème de courgette
à la Vache qui rit

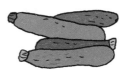

pour 4 personnes

500 g de courgettes
20 g d'échalote
40 cl de boisson au soja nature
8 pièces de Vache-qui-rit®
1 cuillerée à soupe d'huile d'olive
sel, poivre du moulin

Épluche l'échalote et coupe-la finement.

Lave les courgettes et coupe-les,
sans les éplucher, en dés de 2 cm de côté.

Dans une casserole, fais chauffer l'huile d'olive,
puis ajoute l'échalote hachée et les dés de courgette.

Sale les légumes et fais colorer 5 minutes.

Ajoute la boisson au soja nature et laisse cuire
à petits bouillons pendant 10 minutes.

Verse l'ensemble dans un bol à mixer, ajoute
les morceaux de Vache qui rit et mixe la soupe.

Sale et poivre si cela te semble nécessaire et sers aussitôt.

Tu peux remplacer
la crème fraîche
par une purée
de chou-fleur.

crêpe sarrasin au poulet et au cumin

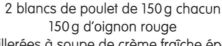
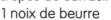

pour 4 personnes

2 blancs de poulet de 150 g chacun
150 g d'oignon rouge
3 cuillerées à soupe de crème fraîche épaisse
4 crêpes au sarrasin
1 noix de beurre
3 pointes de couteau de cumin en poudre
1 cuillerée à soupe d'huile d'olive
sel, poivre du moulin

Préchauffe le four à 200 °C (thermostat 6-7).

Coupe les blancs de poulet en dés de 1 cm environ.

Pèle et hache l'oignon rouge.

Fais chauffer l'huile d'olive dans une poêle,
et fais sauter les dés de poulet pendant 2 minutes.

Ajoute l'oignon haché et laisse cuire pendant encore 2 minutes.

Incorpore la crème fraîche et le cumin, sale et poivre.

Étale la préparation sur toute la surface des crêpes,
puis roule ces dernières.

Dispose les crêpes fourrées dans un plat allant
au four avec la noix de beurre.

Enfourne et fais cuire pendant 5 à 8 minutes.

Avec des tranches
de pain de campagne,
c'est très goûteux.
Tu peux accompagner
tes croque-monsieur
d'une salade verte.

croque-monsieur au crabe

pour 4 personnes

8 tranches de pain de mie
400 cl de lait
55 g de beurre
60 g de farine
240 g de chair de crabe
8 tranches de comté de 2 mm d'épaisseur environ
1 cuillerée à soupe de sauce soja
2 cuillerées à café d'huile de sésame
poivre du moulin

Préchauffe le four à 180 °C (thermostat 6).
Dans une casserole, fais chauffer le lait sur feu moyen,
puis réserve hors du feu.

Dans une autre casserole, fais fondre le beurre,
ajoute la farine et mélange à l'aide d'un fouet.

Verse par-dessus le lait chaud et fais cuire à petits bouillons
pendant 15 minutes, en remuant sans cesse.

Incorpore la sauce soja et l'huile de sésame, poivre et retire du feu.

Ajoute la chair de crabe égouttée et mélange.

Étale sur chacune des quatre premières tranches de pain de mie
deux cuillerées à soupe du mélange au crabe, couvre d'une tranche
de fromage et répète l'opération une deuxième fois.

Couvre avec les tranches de pain restantes.

Dispose l'ensemble dans un plat allant au four.
Enfourne et fais cuire pendant 6 minutes.

Prévois un moule à tarte et
du film plastique alimentaire

préparation **5 minutes**
cuisson **20 minutes**

Si tu doubles les
quantités de tomate et
de mozzarella, tu peux
faire deux couches.
Tu peux aussi faire
des petites tartes dans
des moules individuels.

feuilleté de tomate et de courgette à la mozzarella

pour 4 personnes

1 rouleau de pâte feuilletée
300 g de tomates
1 boule de mozzarella
1 courgette fine
1 cuillerée à soupe d'huile d'olive

Préchauffe le four à 180 °C (thermostat 6).

Dispose la pâte sur la plaque du four et pique le fond avec une fourchette.
Précuis la pâte au four pendant 8 minutes, puis laisse refroidir.

Coupe les tomates en rondelles (tu peux enlever la peau et les pépins,
si tu préfères) et répartis-les sur la pâte refroidie.

Lave et coupe la courgette, sans l'éplucher, en rondelles de 2 mm environ.

Dispose les rondelles de courgette dans un plat, arrose-les
d'huile d'olive et recouvre d'un film plastique alimentaire.
Fais cuire au micro-ondes pendant 3 minutes.

Pose les rondelles de courgette sur du papier absorbant,
puis dépose-les sur les rondelles de tomate.

Coupe la mozzarella en rondelles,
couvres-en les rondelles de tomate et de courgette.

Préchauffe le four à 200 °C (thermostat 6-7), fais cuire pendant 8 minutes
puis baisse la température du four à 180 °C (thermostat 6)
et laisse cuire pendant encore 10 minutes.

Tu peux, en fonction des saisons,
remplacer le jus de carotte
par d'autres jus de légumes crus.
Pour cela, utilise une centrifugeuse et
mixe à ta convenance chou-fleur, céleri...

préparation **15 minutes**
repos **15 minutes**

Prévois 4 ramequins

fine gelée de carotte parfumée aux graines de fenouil

pour 4 personnes

25 cl de lait
25 cl de jus de carotte
4 feuilles de gélatine alimentaire
1 cuillerée à soupe de graines de fenouil
sel, poivre

Fais chauffer le lait dans une casserole.

Dans une poêle sans matière grasse, fais rapidement griller
les graines de fenouil pour qu'elles développent tout leur arôme,
puis verse-les dans le lait chaud et laisse infuser pendant 15 minutes.

Ajoute ensuite le jus de carotte froid.

Plonge les feuilles de gélatine dans de l'eau froide.
Lorsqu'elles sont molles, sors-les de l'eau et presse-les pour
les égoutter, puis incorpore-les dans le mélange lait-carotte tiède.

Mélange bien, sale et poivre.

Passe le mélange au chinois pour retirer les graines de fenouil.

Remplis 4 ramequins et mets au réfrigérateur.

Cette gelée doit être servie bien fraîche.

À défaut de noix
de pécan, tu peux
utiliser des noix
ou des cacahuètes.

fraîcheur d'avocat aux agrumes

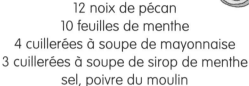

pour 4 personnes

2 oranges
1 pamplemousse
1 citron jaune
4 avocats
20 g de céleri-branche

12 noix de pécan
10 feuilles de menthe
4 cuillerées à soupe de mayonnaise
3 cuillerées à soupe de sirop de menthe
sel, poivre du moulin

Dans une poêle sans matière grasse, fais rapidement
griller les noix de pécan. Laisse-les refroidir hors du feu.

Coupe l'extrémité des oranges, du pamplemousse et du citron,
puis, à l'aide d'un couteau, retire la peau en suivant le contour des fruits.
Prélève les quartiers en incisant entre chaque membrane.
taille les quartiers d'agrumes en quatre. Réserve dans un saladier.

Coupe les extrémités des avocats pour qu'ils tiennent debout.
À l'aide d'une cuillère à pomme parisienne,
fais des boules dans la chair sans percer la peau.
Arrivé au noyau, retire ce dernier par le haut ou par le bas sans casser la peau.

Mélange les billes d'avocat avec les agrumes.

Avec des ciseaux, coupe la menthe en petits morceaux,
et mélange avec l'avocat aux agrumes.

Coupe en dés le céleri-branche, ajoute dans le saladier.

Dans un bol, mélange la mayonnaise avec le sirop de menthe,
ajoute-la au mélange à l'avocat, sale et poivre.

Garnis la peau des avocats de la préparation.
Termine par les noix de pécan torréfiés.

Prévois un mixeur

C'est aussi très amusant
de décorer les friands avec
le manche d'une cuillère
à café ou avec les doigts,
mais à condition
d'être délicat !

friands au jambon

pour 4 personnes

200 g de jambon blanc
5 cl de crème fraîche liquide
250 g de pâte feuilletée
1 jaune d'œuf
1/2 botte de persil
sel, poivre du moulin

Préchauffe le four à 200 °C (thermostat 6-7).

Mixe le jambon avec la crème et le persil.
Sale et poivre.

Étale à l'aide d'un rouleau à pâtisserie la pâte feuilletée
pour qu'elle fasse environ 4 mm d'épaisseur.
Détaille avec un couteau 8 rectangles de pâte feuilletée
de 10 cm de longueur et de 5 cm de largeur.

Bats le jaune d'œuf à l'aide d'une fourchette et dore
avec un pinceau quatre des huit rectangles.

Répartis la farce de jambon-persil sur ces quatre rectangles.

Recouvre avec les quatre rectangles restants, serre avec les doigts,
pour bien coller les bords entre eux, puis dore la surface au jaune d'œuf.

Trace avec un couteau des traits fins sans percer le feuilletage pour faire un décor.
Dispose les friands dans un plat et fais cuire au four pendant 15 minutes environ.

Prévois un mixeur
et un moule à cake

préparation **15 minutes**
cuisson **30 minutes**

C'est aussi très bon
si tu remplaces le vin blanc
par du cidre brut.

gâteau aux carottes

pour 6 à 8 personnes

240 g de carottes épluchées
240 g de farine fluide
1 cuillerée à café de levure chimique
5 œufs
110 g de comté râpé
10 cl d'huile d'olive
12 cl de vin blanc
sel, poivre

Préchauffe le four à 170 °C (thermostat 5-6).

Dans un saladier, mélange la farine avec la levure.

Ajoute les œufs un à un et, à l'aide d'un fouet,
mélange jusqu'à ce que tu obtiennes une pâte bien lisse.

Ajoute ensuite l' huile d'olive et le vin blanc.
Mélange bien à nouveau.

À l'aide d'un robot, mixe les carottes
pour obtenir des petits morceaux.
Mélange-les à la pâte.

Ajoute le fromage, mélange encore. Sale et poivre.

Transfère la préparation dans un moule à cake
préalablement beurré et fais cuire au four pendant 30 minutes.

Tu peux ajouter de la viande hachée ou du jambon dans ta pâte à gaufres, et même du fromage : c'est délicieux !

préparation **5 minutes**
cuisson **3 à 4 minutes**

Prévois un gaufrier

gaufres à la tomate

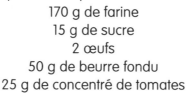

pour 4 personnes

170 g de farine
15 g de sucre
2 œufs
50 g de beurre fondu
25 g de concentré de tomates
25 cl de lait
1 pincée de sel

Verse la farine, le sel et le sucre dans un saladier. Mélange bien.

Creuse un puits au milieu et ajoute les œufs.

Mélange en ramenant, petit à petit, la farine vers le milieu.

Quand la pâte est homogène, verse le lait froid petit à petit,
puis le beurre fondu tiède.

Mélange et ajoute le concentré de tomates.

Fais chauffer le gaufrier, huile au pinceau chaque alvéole,
puis verse une petite louche de pâte que tu répartis
uniformément sur une seule face. Ferme le gaufrier.

Laisse cuire pendant 2 minutes, puis ouvre légèrement pour surveiller
la cuisson : les gaufres doivent être d'un joli blond doré.

Poursuis la cuisson de 1 à 2 minutes, si cela te semble nécessaire.

Une fois cuite, retire la gaufre et laisse-la tiédir de préférence sur une grille.

Pendant ce temps, confectionne une autre gaufre…

Pour les amateurs de sensations fortes, un tout petit émincé de piment dans la purée d'avocat fait merveille !

préparation **10 minutes**
cuisson **3 minutes**

Prévois un mixeur

gnocchis à la crème d'avocat

pour 4 personnes

320 g de gnocchis nature frais
2 avocats
1 citron vert
12 noix de cajou
1 petite pincée de piment en poudre
1 cuillerée à soupe d'eau

Dans une poêle sans matière grasse,
fais rapidement griller les noix de cajou.
Réserve hors du feu.

Mixe, à l'aide d'un robot, les avocats épluchés
avec le jus de citron vert, l'eau et le piment.

Fais cuire dans une casserole d'eau bouillante salée les gnocchis.
Égoutte-les quand ils remontent à la surface,
puis mélange-les à la crème d'avocat.

Ajoute les noix de cajou torréfiées et sers aussitôt.

C'est aussi très bon
avec de la plie.

préparation **5 minutes**
cuisson **6 minutes**

goujonnette de sole en blanquette

pour 4 personnes

4 filets de sole de 120 g chacun
4 champignons de Paris moyens
10 mange-tout (petits pois plats)
1 petite courgette jaune
20 g de farine
1 branche de romarin

7 cuillerées à soupe et demie de boisson
au soja nature ou de crème fraîche liquide
2 cuillerées à café de cerfeuil haché
2 cuillerées à soupe d'huile d'olive
sel, poivre du moulin

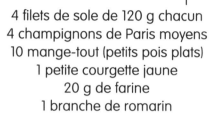

Lave tous les légumes.

Coupe en quatre les champignons, en trois les mange-tout.

Coupe la courgette en dés de 1 cm de côté sans l'éplucher.

Taille les filets de sole en minces lanières de 2 cm environ,
puis sale-les et passe-les dans la farine.

Fais chauffer l' huile d'olive dans une poêle et saisis
les morceaux de sole pendant environ 2 minutes.

Ajoute les légumes et le romarin.
Laisse cuire 2 minutes.

Ajoute la boisson au soja nature ou la crème fraîche
et fais cuire encore 2 minutes.

Sale, poivre et ajoute le cerfeuil haché.

Retire le romarin avant de servir.

Si tu préfères le sucré à l'acidulé, remplace la pomme verte par une pomme à cuire...

préparation **10 minutes**
cuisson **25 minutes**

Prévois un plat à gratin

gratin de pommes fruits et de pommes de terre au cervelas

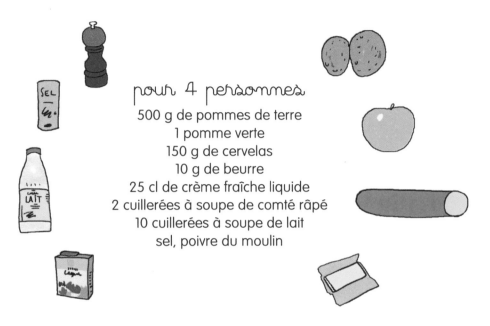

pour 4 personnes

500 g de pommes de terre
1 pomme verte
150 g de cervelas
10 g de beurre
25 cl de crème fraîche liquide
2 cuillerées à soupe de comté râpé
10 cuillerées à soupe de lait
sel, poivre du moulin

Préchauffe le four à 180 °C (thermostat 6).

Épluche les pommes de terre,
coupe-les en fines rondelles de 2 à 3 mm d'épaisseur.

Épluche la pomme verte, coupe-la en deux pour enlever le cœur,
puis fais des rondelles de la même épaisseur que celles des pommes de terre.

Coupe le cervelas en tranches de 1 cm d'épaisseur environ.

Beurre le plat à gratin, puis dispose une couche de pommes de terre,
une couche de pomme verte, une couche de rondelles de cervelas
et termine par une couche de pommes de terre.

Dans un bol, mélange la crème fraîche avec le lait,
assaisonne, et verse le mélange dans le plat à gratin.

Parsème le comté sur le gratin, enfourne
et fais cuire pendant 25 minutes.

Pour saler l'eau de
cuisson des haricots,
compte deux cuillerées
à café de gros sel
par litre d'eau.

C'est aussi très bon si
tu remplaces la moitié
du lait par de la crème
fraîche liquide.

haricots au gruyère et vinaigre balsamique

pour 4 personnes

400 g de haricots verts
60 g de gruyère râpé
5 cuillerées à soupe de boisson
au soja nature ou de lait
2 cuillerées à soupe
de vinaigre balsamique

Équeute les haricots verts.

Fais-les cuire dans une casserole d'eau bouillante
salée pendant 6 minutes, puis égoutte-les.
Ils doivent rester croquants.

Fais chauffer dans une poêle le vinaigre balsamique,
verse la boisson au soja nature.

Ajoute les haricots verts et le fromage râpé,
mélange bien, sale et poivre et laisse cuire encore
1 à 2 minutes pour faire fondre le fromage.

Sers aussitôt.

Le ketchup apporte une touche de couleur et un petit goût sucré aux nuggets de poulet et autres viandes blanches. Il est délicieux avec des frites, des pâtes et du riz.

mon ketchup

pour 300g de ketchup

2 kg et demi de tomates bien mûres

1 oignon

1 poivron rouge

1/2 gousse d'ail hachée

100 g de sucre roux

1 bâton de cannelle

(de 5 cm environ)

10 grains de poivre blanc

4 clous de girofle

1 anis étoilé

15 graines de coriandre

1 feuille de laurier

1 éclat de noix de muscade

1 cuillerée à café de paprika

1 pincée de piment

10 cuillerées à soupe

de vinaigre de xérès

1 cuillerée à café de sel

Épluche l' oignon et coupe-le en petits dés de 1 cm de côté environ.

Fais la même chose avec le poivron, après l'avoir
lavé et coupé en deux pour enlever les pépins.

Lave et coupe les tomates en quatre.

Mets dans une casserole les morceaux de tomates, de poivron et d'oignon
avec l' ail haché, le sucre, le vinaigre et le sel, fais cuire à feu doux
pendant 40 minutes, en remuant de temps en temps avec une spatule.

Mixe le mélange, passe-le au tamis pour enlever la peau des tomates et du poivron.

Reverse le coulis de tomate dans la casserole.

Enferme soigneusement toutes les épices et le laurier dans un nouet
(petite pièce de tissu que tu fermes avec de la ficelle de cuisine), ajoute-le au coulis.

Laisse cuire sur feu doux jusqu'à ce que ton coulis
prenne la consistance du ketchup.

Retire le nouet et laisse refroidir la sauce. Lorsque le ketchup est froid,
conserve-le au réfrigérateur dans une boîte hermétique.

Prévois une friteuse

À défaut de friteuse,
fais chauffer,
avec l'aide de tes
parents, de l'huile
d'arachide dans
une sauteuse.

Lorsqu'elle est bien
chaude, trempe
délicatement les
blancs de poulet
pour éviter
les projections.

nuggets de poulet, sauce barbecue

pour 4 personnes

4 blancs de poulet de 150 chacun environ
80 g de sauce barbecue
100 g de chapelure
huile d'arachide pour la friture

Coupe les blancs de poulet en huit morceaux,
badigeonne-les de sauce barbecue et laisse mariner
au moins 30 minutes au réfrigérateur.

Fais chauffer la friteuse sous la surveillance de tes parents.

Pane les blancs de poulet en les retournant dans la chapelure,
puis fais-les frire à la friteuse pendant 2 minutes.

Éponge sur du papier absorbant.

Sers aussitôt avec le reste de la sauce barbecue.

Pour la cuisson des petits pois,
compte 2 cuillerées à café de gros
sel par litre d'eau.
C'est aussi très bon si tu ajoutes
des petites chanterelles poêlées
dans les tomates.

préparation **15 minutes**
cuisson **8 minutes**

Prévois un mixeur

œuf cocotte en coque de tomate

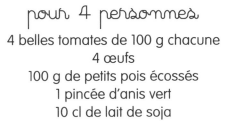

pour 4 personnes

4 belles tomates de 100 g chacune
4 œufs
100 g de petits pois écossés
1 pincée d'anis vert
10 cl de lait de soja

Préchauffe le four à 180 °C (thermostat 6).

Fais cuire dans une casserole d'eau bouillante salée
les petits pois pendant 6 minutes.
Rafraîchis-les à l'eau froide pour stopper
la cuisson, puis égoutte-les.

Mixe les petits pois avec le lait de soja et l'anis vert.

À l'aide d'une cuillère à café, vide l'intérieur
des tomates sans percer la chair.

Place l'équivalent d'une cuillerée à soupe
de purée de petits pois dans les tomates.

Dispose les tomates fourrées dans un plat.

Casse un œuf dans chaque tomate, enfourne
et fais cuire pendant environ 8 minutes.

Prévois une friteuse

Si tu n'as pas de
friteuse, tu peux
faire frire les œufs
dans une sauteuse,
toujours sous la
surveillance
de tes parents.
Tu peux varier les
épices : curry,
quatre-épices...

œuf mollet
en croûte de tandoori,
rémoulade de fenouil

pour 4 personnes

5 œufs
20 g de farine
50 g de chapelure
5 g de tandoori
200 g de fenouil
80 g de fromage blanc
huile d'arachide pour la friture
sel, poivre du moulin

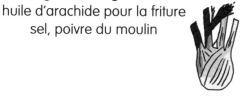

Fais cuire 4 œufs dans de l'eau frémissante pendant 6 minutes,
refroidis-les aussitôt en les passant sous l'eau froide.

Dans un bol, bats l'œuf restant avec une cuillerée à café d'eau.

Dans un deuxième bol, mélange la chapelure avec le tandoori.

Épluche délicatement les œufs mollets et roule-les successivement dans la farine,
dans l'œuf battu et dans le mélange de chapelure et tandoori.

Recommence l'opération en ne trempant cette fois les œufs
que dans l'œuf battu et le mélange à base de chapelure.

Hache finement le fenouil. Dans un saladier,
mélange-le au fromage blanc. Sale et poivre.

Fais frire, sous la surveillance de tes parents,
les œufs à 170 °C dans une friteuse pendant 2 minutes.

Dispose-les ensuite sur la rémoulade de fenouil.

Pour saler l'eau de cuisson des pâtes,
compte deux cuillerées à café de gros
sel par litre d'eau.
Tu peux remplacer la coriandre
par de l'aneth et ajouter un pavé
de saumon frais.

pâtes fraîches au saumon fumé façon carbonara

pour 4 personnes

4 tranches de saumon fumé
250 g de tagliatelles fraîches
2 jaunes d'œuf
20 cl de boisson au soja nature
1/2 bouquet de coriandre fraîche
poivre du moulin

Coupe le saumon fumé en lanières de 1 cm d'épaisseur environ.

Hache la coriandre.

Fais cuire dans une casserole d'eau bouillante salée les pâtes
en respectant le temps de cuisson indiqué sur le paquet.

Pendant ce temps, porte à ébullition dans une casserole
la boisson au soja nature, ajoute la coriandre hachée.
Réserve hors du feu.

Incorpore les jaunes d'œuf, fouette le mélange et remets sur le feu.

Dès que la sauce bout, baisse le feu et laisse cuire pendant 1 minute.

Égoutte les pâtes et transfère-les dans la préparation au soja,
ajoute les lanières de saumon, le poivre et mélange bien.

Dresse dans les assiettes et sers sans attendre.

Prévois 4 ramequins de 8,5 cm de diamètre et de 4 cm de hauteur, et du film plastique alimentaire.

préparation **15 minutes**
cuisson **25 à 30 minutes**
repos **20 minutes + 10 minutes**

En accompagnement, tu peux servir les copeaux de légumes croquants en salade.

petits pots
à la crème
de ketchup

pour 4 personnes

3 jaunes d'œuf
60 cl de lait entier ou demi-écrémé
180 cl de crème fraîche liquide
30 g de ketchup
1 branche de thym citron

Préchauffe le four à 120 °C (thermostat 4).

Dans une casserole, fais chauffer le lait avec la crème.

Ajoute le thym citron, puis retire du feu.

Couvre d'un film plastique alimentaire et laisse infuser 10 minutes.

Retire le thym et verse le mélange lait-crème sur les jaunes d'œuf dans un saladier.
Mélange bien.

Ajoute le ketchup. Mélange encore.

Remplis les ramequins aux trois quarts, pose-les sur une plaque,
et fais cuire au four pendant 30 minutes.

Vérifie la cuisson en plongeant la pointe d'un couteau à l'intérieur des petits pots.

Si le couteau est propre quand on le retire, les petits pots sont cuits.

Laisse reposer 10 minutes et sers tiède.

Pour la cuisson de la macédoine
de légumes, compte deux cuillerées
à café de gros sel par litre d'eau.

préparation **15 minutes**
cuisson **10 minutes**

pitas aux légumes et verveine

pour 4 personnes

4 pains pitas
200 g de macédoine de légumes surgelée
100 g de concombre
100 g de tomates
4 œufs
4 olives noires hachées
150 g de fromage blanc à 0 % de matières grasses
10 feuilles de verveine hachées
4 feuilles de laitue
1 citron vert
sel, poivre du moulin

Fais cuire dans une casserole d'eau bouillante salée
la macédoine de légumes pendant 5 minutes. Égoutte et laisse refroidir.

Pendant ce temps, fais cuire les œufs dix minutes dans une casserole
d'eau bouillante pour qu'ils deviennent durs. Passe-les ensuite sous l'eau froide.

Épluche le concombre à l'aide d'un couteau économe, puis coupe-le en petits dés.

Lave les tomates et fais des dés de la même dimension que pour le concombre.

Mélange dans un saladier le fromage blanc
avec la verveine hachée, le sel et le poivre.

Ajoute la macédoine, les dés de tomate, les olives noires hachées,
les dés de concombre et 2 cuillerées à café de jus de citron vert. Mélange bien.

Fais chauffer pendant 30 secondes au micro-ondes
les pains pitas, puis coupe-les en deux.

Dispose une feuille de laitue à l'intérieur de chaque pain et garnis avec le mélange.

Ajoute l'œuf dur coupé en rondelles dans chaque pain.

Tu peux remplacer les légumes
proposés par des cèpes à l'huile,
des tranches d'aubergine poêlées,
du céleri branche émincé poêlé.

préparation **5 minutes**
cuisson **23 minutes**

63

pizza aux légumes

pour 4 personnes

350 g de pâte à pizza
1 carotte moyenne
1 courgette moyenne
10 cœurs d'artichaut
5 cuillerées à soupe de sauce napolitaine
2 branches de sarriette
2 cuillerées à soupe d'huile d'olive
sel, poivre du moulin

Préchauffe le four à 170 °C (thermostat 5-6).

Épluche la carotte et coupe-la en fines rondelles de 2 mm d'épaisseur.

Lave la courgette, sans l'éplucher, et coupe des rondelles de la même épaisseur.

Coupe les cœurs d'artichaut en deux.

Fais chauffer l' huile d'olive dans une poêle,
et fais sauter les légumes pendant seulement 3 minutes
pour qu'ils restent croquants.

Sale et poivre, puis égoutte sur du papier absorbant.

Étale la pâte à pizza à la dimension de la plaque du four,
badigeonne la surface de sauce napolitaine.

Répartis les légumes sautés et les cœurs d'artichaut
sur la pâte et parsème de feuilles de sarriette.

Fais cuire au four pendant 20 minutes environ.

Prévois une poêle de 24 cm
de diamètre

préparation **10 minutes**
cuisson **30 minutes**

Tu peux ajouter dans les
pommes de terre un petit peu
de céleri branche et/ou
du cerfeuil haché.

pommes darphin en surprise

pour 4 personnes
800 g de pommes de terre
(agatha, pomme de terre nouvelle)
1 courgette moyenne
4 cèpes bouchon
30 g de beurre
1 branche de romarin
5 cuillerées à soupe d'huile d'olive
sel, poivre du moulin

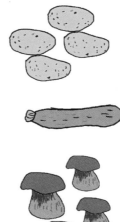

Épluche les pommes de terre,
rince-les, puis râpe-les à l'aide d'une râpe à fromage.

Lave la courgette et coupe-la en fines rondelles de 2 mm d'épaisseur.

Fais la même chose avec les cèpes
après les avoir nettoyés avec une brosse alimentaire.

Hache les feuilles de romarin.

Fais fondre le beurre dans la poêle.

Répartis sur le fond la moitié des pommes de terre,
puis les rondelles de courgette et les tranches de cèpe.

Sale, poivre et parsème de romarin haché.

Recouvre l'ensemble avec le reste des pommes
de terre et arrose d' huile d'olive.

Fais cuire sur feu doux pendant 15 minutes environ,
puis retourne et laisse cuire encore 15 minutes.

Les côtés doivent être croustillants et l'intérieur moelleux.

Tu peux ajouter,
à la fin de cuisson
de la chair d'aubergine,
100 g de dés de tomate.

purée
d'aubergines

pour 4 personnes

1 kg d'aubergines
5 cl + 1,5 cl d'huile d'olive
thym, laurier
sel, poivre

Préchauffe le four à 180 °C (thermostat 6).

Coupe les aubergines en deux dans le sens de la longueur.
Dispose-les dans un plat allant au four et fais des entailles
avec un couteau pour faciliter la cuisson.

Verse par-dessus 5 cl d' huile d'olive,
parsème de feuilles de thym et de laurier,
couvre le plat de papier d'aluminium
et fais cuire au four pendant 30 minutes.

Lorsque les aubergines sont cuites,
retire la chair à l'aide d'une cuillère.

Verse la chair d'aubergine dans une casserole,
fais-la légèrement dessécher sur feu doux pour libérer l'eau
qu'elle contient et qu'elle prenne la consistance d'une purée.

Mixe la chair avec les 1,5 cl restants d' huile d'olive.

Sale et poivre.

Cette purée accompagnera
parfaitement un rouget
ou une daurade,
ou de l'agneau.

purée de betteraves

pour 4 personnes
400 g de betterave rouge cuite
30 g de chapelure fine
3 cl d'huile d'olive
sel, poivre

Coupe la betterave en cubes de 2 cm.

Mixe-la avec la chapelure et l' huile d'olive.

Sale et poivre.

Dans une casserole sur feu doux,
mets à chauffer la purée.

Retire du feu dès que tu as obtenu
la texture de ton choix.

Prévois un mixeur
et un emporte-pièce
de 5 cm de côté

À défaut d'emporte-pièce,
utilise un couteau et
découpe des ravioles
carrées de 5 cm de côté.

préparation **25 minutes**
cuisson **9 minutes 30**

Tu peux, en fonction des saisons,
remplacer les champignons de
Paris par des cèpes, des girolles,
des roses des prés, etc.

ravioles de châtaignes et champignons au persil

pour 4 personnes

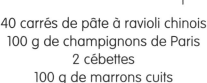

40 carrés de pâte à ravioli chinois
100 g de champignons de Paris
2 cébettes
100 g de marrons cuits
1/2 botte de persil

1 jaune d'œuf
20 cl de lait de soja
1 cuillerée à café d'huile d'olive
1 cuillerée à café rase de Ricoré®
sel, poivre du moulin

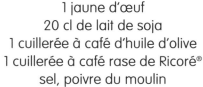

Nettoie les champignons, épluche les cébettes, mixe-les ensemble à l'aide d'un robot.

Coupe grossièrement les marrons.

Fais chauffer l' huile d'olive dans une poêle et fais cuire
les champignons et les cébettes hachés pendant 2 minutes.
Ajoute les morceaux de marron. Sale et poivre. Réserve la farce hors du feu.

Étale 20 carrés de pâte à ravioli,
badigeonne-les de jaune d'œuf avec un pinceau.

Verse une cuillerée à soupe d'eau sur les carrés de pâte pour les ramollir, puis répartis
la farce sur les carrés. Recouvre chacun des carrés par un des carrés restants.
Appuie bien avec les doigts pour coller les carrés ensemble.

Taille les ravioles à l'aide d'un emporte-pièce.

Dans une casserole, fais chauffer le lait de soja avec le persil que tu auras
préalablement lavé. Fais cuire pendant 5 minutes, puis émulsionne la sauce avec un robot.

Dans une casserole d'eau bouillante salée, plonge les ravioles
et laisse cuire 2 minutes 30 dès la reprise de l'ébullition.
Lorsqu'elles sont cuites, retire les ravioles à l'aide d'une écumoire et dispose-les
dans une assiette. Arrose les ravioles de sauce, saupoudre de Ricoré et sers aussitôt.

tu peux remplacer
l'eau par du lait de coco
sans sucre.

risotto
des îles

pour 4 personnes

300 g de riz long à risotto (riz arborio)
1 cuillerée à soupe d'échalote hachée
1 pomme verte
1 banane
50 g de raisins blonds secs
1 cuillerée à café rase de curry
1 cube de bouillon
20 g de beurre
1 litre d'eau
1 cuillerée à soupe d'huile d'olive
sel, poivre du moulin

Fais bouillir dans une casserole l'eau avec le cube de bouillon
et le curry pendant 2 minutes. Réserve hors du feu.

Fais chauffer l'huile d'olive dans une autre casserole, et fais suer
l'échalote avec le riz pendant 2 minutes sans cesser de remuer.

Transfère au fur et à mesure le bouillon au curry dans la casserole
de riz et laisse cuire 20 à 22 minutes à petits bouillons.

Pendant ce temps, coupe la pomme en deux pour enlever
le cœur et confectionne des dés de 5 mm d'épaisseur,
écrase ensuite la banane à la fourchette.

Lorsque le riz est cuit, ajoute la banane écrasée, les dés de pomme,
les raisins secs avec le beurre et mélange.

Sale et poivre.

La mayonnaise peut être remplacée par du fromage blanc.

salade césar aux pop-corn

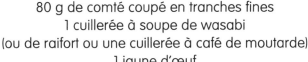

pour 4 personnes

40 g de pop-corn salé
6 sucrines
4 cornichons
4 radis ronds
80 g de comté coupé en tranches fines
1 cuillerée à soupe de wasabi
(ou de raifort ou une cuillerée à café de moutarde)
1 jaune d'œuf
1 citron vert
6 cuillerées à soupe d'huile
d'arachide ou de colza
1 cuillerée à soupe d'eau
2 pointes de couteau de curry
sel, poivre

Lave bien les sucrines, essuie-les
et coupe-les en tronçons de 2 à 3 cm.

Lave les radis et coupe-les en fines rondelles.

Coupe les cornichons en rondelles.

Coupe les tranches de comté en bâtonnets de 2 à 3 mm d'épaisseur.

Monte une mayonnaise en mélangeant dans un bol
le jaune d'œuf avec le wasabi et l'huile d'arachide.

Incorpore ensuite 1 cuillerée à soupe de jus de citron,
l'eau et le curry. Sale et poivre. Mélange.

Réunis dans un saladier la salade bien égouttée,
les rondelles de radis et de cornichon, les bâtonnets de fromage,
le pop-corn et la mayonnaise au curry.

Mélange bien et sers aussitôt.

Prévois un grille-pain
et quatre verres

Tu peux remplacer
les physalis, que
l'on appelle aussi
amours-en-cage,
par de tout petits
quartiers d'orange.

salade de crabe aux physalis

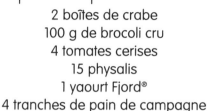

pour 4 personnes

2 boîtes de crabe
100 g de brocoli cru
4 tomates cerises
15 physalis
1 yaourt Fjord®
4 tranches de pain de campagne
1 cuillerée à café d'estragon haché
sel, poivre du moulin

Hache grossièrement le brocoli.

Coupe les tomates en rondelles.

Mélange dans un saladier la chair de crabe avec les physalis
coupés en quatre, l' estragon haché et le yaourt.

Sale et poivre.

Ajoute le brocoli haché et les rondelles de tomate.

Mélange bien.

Forme avec les tranches de pain des mouillettes
de 3 à 4 cm de long et de 1 cm de côté, fais-les griller.

Répartis la salade de crabe dans quatre verres et plante
dans chacun d'entre eux quatre mouillettes de pain grillé.

Choisis bien tes petits pois :
les petits sont plus sucrés que les gros.
Et n'hésite pas à en mettre plus !

préparation **10 minutes**

salade de tomates aux petits pois crus

pour 4 personnes

400 g de tomates
50 g de petits pois écossés de petite taille
6 feuilles de menthe fraîche
1/2 cuillerée à soupe de vinaigre balsamique
1 cuillerée à soupe d'huile d'olive
fleur de sel, poivre

Lave et essuie les tomates coupe-les en rondelles,
puis dispose-les en rosace dans chaque assiette.

Parsème les tomates de petits pois crus.

Mélange dans un bol l'huile d'olive avec le vinaigre balsamique.
Réserve la vinaigrette.

Coupe finement les feuilles de menthe à l'aide de ciseaux.
Répartis sur les tomates.

Sale, poivre et arrose chaque assiette d'un filet de vinaigrette.

Si tu n'as pas
de vinaigre de framboise,
le vinaigre de xérès
fera très bien l'affaire.
Tu peux aussi écraser
une fraise dans
1 cuillerée à café
de vinaigre de vin.

salade grecque à la feta

pour 4 personnes

1 concombre et demi
8 tomates cerises
20 g de yaourt nature
70 g de feta
15 feuilles de menthe fraîche
30 g de pignons de pin
1 cuillerée à café de vinaigre de framboise

Lave les concombres.
Coupe le concombre entier en deux dans le sens de la largeur sans l'éplucher,
puis recoupe chaque moitié dans le sens de la longueur.

Tu obtiens quatre quarts de concombre auxquels tu enlèves
les pépins à l'aide d'une cuillère à café. Réserve.

Épluche le demi-concombre restant, coupe-le en deux dans le sens
de la longueur, enlève les pépins et coupe en dés de 5 mm de côté environ.
Réserve dans un saladier.

À l'aide de ciseaux, coupe finement les feuilles de menthe
et incorpore-les aux dés de concombre.

Coupe en rondelles les tomates cerises, ajoute-les
aux dés de concombre et à la menthe ciselée.

Fais chauffer une poêle sans ajout de matière grasse,
et fais colorer les pignons de pin.

Verse le vinaigre, les pignons de pin, la feta et le yaourt
dans la préparation au concombre.

Mélange bien, puis garnis les quarts de concombre.

Prévois du film
plastique alimentaire

Tu peux remplacer la purée
de raifort par du raifort
frais que tu râpes dans
le fromage blanc.

saumon vapeur, fromage blanc au raifort

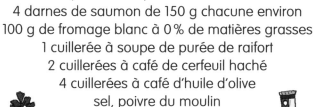

pour 4 personnes

4 darnes de saumon de 150 g chacune environ
100 g de fromage blanc à 0 % de matières grasses
1 cuillerée à soupe de purée de raifort
2 cuillerées à café de cerfeuil haché
4 cuillerées à café d'huile d'olive
sel, poivre du moulin

Sale légèrement les darnes de saumon,
puis enroule chacune d'entre elles dans du film alimentaire
avec une cuillerée à café d' huile d'olive
et une demi-cuillerée à café de cerfeuil haché.

Mélange dans un bol la purée de raifort
avec le fromage blanc et transfère dans une saucière.

Fais cuire à la vapeur dans un couscoussier les darnes pendant 5 minutes.

Si tu préfères une cuisson à point, prolonge la cuisson de 2 minutes.

Enlève le film alimentaire et sers aussitôt,
accompagné de la sauce au raifort.

Si tu n'aimes pas l'ail, tu peux très bien t'en passer pour faire cette recette. Si, en revanche, tu adores, tu peux en ajouter une demi-gousse.

préparation **10 minutes**
cuisson **23 à 25 minutes**

sauté de crevettes et pommes de terre grenailles, aïoli de courgettes

pour 4 personnes

20 pommes de terre grenailles
24 crevettes roses crues
2 courgettes moyennes
1 gousse d'ail hachée
1/2 botte de coriandre
1/2 citron jaune
8 cuillerées à soupe d'huile d'olive
sel fin, poivre du moulin

Décortique les crevettes en laissant le bout de la carapace.
Lave les pommes de terre sans les éplucher et coupe-les en quatre.

Lave la courgette et coupe-la grossièrement. Hache la coriandre.

Mets à chauffer, dans une poêle, 5 cuillerées à soupe d' huile d'olive
et fais cuire les courgettes à couvert pendant 15 minutes.

Une fois les courgettes cuites, sale, poivre et écrase-les à la fourchette
pour obtenir une fine purée. Ajoute l' ail haché, mélange bien et réserve.

Mets à chauffer les 3 cuillerées à soupe d' huile d'olive restantes, et fais cuire
les pommes de terre pendant 6 minutes : elles doivent légèrement colorer.
Lorsqu'elles sont cuites, ajoute les crevettes et fais sauter le tout pendant 2 minutes.

Ajoute le jus du demi-citron et la coriandre hachée. Sale et poivre.
Transfère dans les assiettes, nappe d'une cuillerée d'aïoli de courgettes
et verse le reste de purée dans une saucière.

sauté de mini-Knacki

pour 4 personnes

48 pièces de mini-saucisses Knacki®
8 petits champignons de Paris
1 échalote
15 feuilles de persil
1 cuillerée à soupe de moutarde à l'ancienne
1 cuillerée à café d'huile d'olive

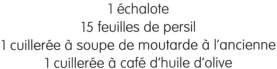

Épluche et hache l'échalote finement.

Lave les champignons et coupe-les en quatre.

Hache les feuilles de persil.

Fais chauffer l'huile d'olive dans une poêle et fais suer l'équivalent
d'une cuillerée à café d'échalote hachée pendant 1 minute,
sans la laisser colorer.

Ajoute les champignons, prolonge la cuisson de 2 minutes.

Verse les saucisses, prolonge encore la cuisson de 2 minutes.

Pour finir, ajoute la moutarde et le persil haché
et laisse cuire 2 minutes.

Pour la cuisson des pâtes,
compte deux cuillerées
à café de gros sel
par litre d'eau.

préparation **15 minutes**
cuisson **20 minutes**

Tu peux remplacer
les escalopes de veau par
des escalopes de dinde
ou de poulet.

sauté de veau minute

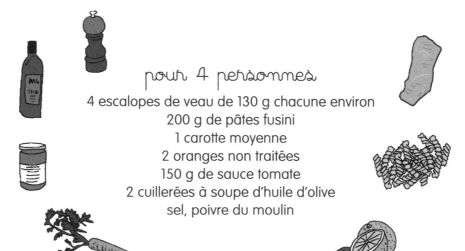

pour 4 personnes

4 escalopes de veau de 130 g chacune environ
200 g de pâtes fusini
1 carotte moyenne
2 oranges non traitées
150 g de sauce tomate
2 cuillerées à soupe d'huile d'olive
sel, poivre du moulin

Coupe le veau en lanières de 2 cm environ et réserve au réfrigérateur.

Épluche la carotte et coupe-la en fines rondelles de 5 mm d'épaisseur.

Prélève, à l'aide d'un couteau économe, les zestes des deux oranges.

Puis épluche l'une des oranges et coupe-la en quartiers.

Presse la deuxième orange.

Fais cuire les pâtes dans une casserole d'eau bouillante salée
en respectant le temps de cuisson indiqué sur le paquet.

Pendant ce temps fais chauffer dans une poêle l'huile d'olive et fais colorer
les morceaux de veau avec les rondelles de carotte pendant 2 minutes.

Ajoute la sauce tomate, le jus d'orange et les zestes finement hachés.

Sale, poivre et laisse cuire sur feu doux pendant 6 minutes.

Tu peux soit servir les pâtes à part, soit les incorporer au sauté de veau
(dans ce cas, mélange bien) et sers aussitôt.

Tu peux ajouter
des œufs de saumon
dans le tarama.

préparation **25 minutes**
cuisson **20 minutes + 10 à 15 minutes**

soufflé de pommes de terre au tarama

pour 4 personnes

4 belles pommes de terre
de 200 g chacune
120 g de tarama
4 jaunes d'œuf
8 blancs d'œuf
sel, poivre

Préchauffe le four à 180 °C (thermostat 6).

Mets les pommes de terre sans les éplucher dans une casserole
remplie d'eau froide, porte à ébullition et fais cuire pendant 20 minutes.

Une fois les pommes de terre cuites,
coupe les extrémités pour qu'elles tiennent debout.

Creuse-les à l'aide d'une cuillère à café pour récupérer la pulpe
sans percer la peau, en laissant 5 mm de chair sur la peau.

Mélange dans un saladier la pulpe de pommes de terre
avec le tarama, les jaunes d'œuf et le poivre.

Monte les blancs en neige avec un peu de sel à l'aide d'un fouet,
incorpore-les à la pulpe de pommes de terre au tarama.

Remplis les pommes de terre du mélange, dispose-les dans un plat,
enfourne et laisse cuire environ 10 à 15 minutes.

À défaut d'une cuillère
à pomme parisienne,
utilise une cuillère à café.
C'est une recette très
agréable l'été, lorsqu'il
fait un peu chaud.

préparation **10 minutes**
réfrigération **2 heures minimum**

Prévois un mixeur

soupe de melon et de pastèque en gaspacho

pour 4 personnes

2 melons charentais de 600 g chacun
400 g de pastèque
300 g de tomates
15 feuilles de basilic
8 gouttes de tabasco
sel

Coupe les melons en deux, ôte les pépins, et fais à l'aide d'une cuillère à pomme parisienne 40 petites billes de melon. Réserve les billes dans un bol au réfrigérateur.

Récupère le reste de la chair avec une cuillère à soupe, sans abîmer la peau des melons car tu en auras besoin pour servir le gaspacho.

Épépine la pastèque et les tomates.

Mixe la chair de melon avec la pastèque, les tomates, le basilic et le tabasco.

Rectifie l'assaisonnement si cela te semble nécessaire.

Passe le mélange au chinois (une passoire très fine) et réserve au réfrigérateur.

Lorsque le gaspacho est bien frais, dispose dans chaque peau de melon dix billes de melon et verse le gaspacho par-dessus.

La moutarde peut être
remplacée par du raifort
ou du wasabi.
C'est très bon avec
une purée de carottes.

préparation **25 minutes**
cuisson **25 minutes**

Prévois du papier sulfurisé

steak de thon en habit de pomme de terre et moutarde à l'ancienne

pour 4 personnes

4 steaks de thon de 120 g chacun
1 pomme de terre de 200 g environ
1 jaune d'œuf
1 cuillerée à soupe de ciboulette ciselée
4 cuillerées à café de moutarde à l'ancienne
sel, poivre du moulin

Mets la pomme de terre sans l'éplucher dans une casserole d'eau froide,
porte à ébullition et fais cuire pendant 20 minutes.

Puis épluche-la et écrase-la à la fourchette dans un bol.

Ajoute le jaune d'œuf, la ciboulette ciselée, sale et poivre.

Badigeonne les steaks de thon
de moutarde à l'ancienne sur un seul côté.

Puis étale sur ce même côté une couche d'environ
5 mm de purée à la ciboulette.

Pose par-dessus un morceau de papier sulfurisé de la taille des steaks.

Mets à chauffer une poêle, place les steaks de thon
du côté du papier sulfurisé, et fais cuire pendant 5 minutes
environ pour bien colorer la couche de purée.

Une fois cuits, retourne les steaks pour enlever
le papier sulfurisé et sers aussitôt.

À défaut de sucrines,
tu peux prendre des petites laitues
ou des cœurs de laitue.

sucrines au jambon et mimolette

pour 4 personnes

4 tranches de jambon blanc
8 petites sucrines
100 g de mimolette râpée
35 g de farine
35 g de beurre
50 cl de lait
sel, poivre du moulin

Préchauffe le four à 200 °C (thermostat 6-7).

Lave bien les sucrines, puis essuie-les.

Fais chauffer le lait dans une casserole.

Fais fondre le beurre dans une autre casserole,
ajoute la farine et mélange au fouet.

Verse le lait chaud sur la farine et fais cuire pendant 15 minutes
à petits bouillons en fouettant de temps en temps.

Ajoute 80 g de mimolette, mélange bien, sale et poivre.

Coupe les tranches de jambon en deux
et enroule-les autour des sucrines.

Dispose les sucrines dans un plat à gratin
et nappe-les de béchamel à la mimolette.

Parsème le reste de mimolette rapée.

Enfourne et fais cuire 15 à 20 minutes jusqu'à coloration.

Prévois un moule à tarte
de 22 cm de diamètre
et du papier cuisson

préparation **20 minutes**
cuisson **32 minutes**

C'est aussi très bon
avec des sardines.

tarte au thon et tomates

pour 4 à 6 personnes

1 rouleau de pâte brisée
160 g de thon au naturel à l'huile d'olive
4 tomates de 70 g chacune
250 g de sauce tomate
75 cl de crème fraîche liquide
sel, poivre du moulin

Préchauffe le four à 185 °C (thermostat 6).

Étale la pâte dans le moule, pique le fond à l'aide d'une fourchette,
couvre d'un rond de papier cuisson ou de papier d'aluminium,
remplis de gros sel et fais cuire au four pendant 12 minutes.

Pendant ce temps, mélange dans un bol la sauce tomate
avec la crème fraîche, sale et poivre.

Lorsque le fond de la tarte est cuit,
enlève le papier cuisson rempli de sel.

Émiette le thon, répartis-le sur le fond de la tarte,
puis verse par-dessus le mélange tomate-crème.

Coupe chacune des tomates en trois rondelles,
dispose-les sur la tarte.

Enfourne et fais cuire pendant 20 minutes.

C'est aussi très bon avec du parmesan, du jambon San Daniele ou du jambon de Bayonne. Tu peux aussi ajouter sur les tartines des artichauts violets émincés crus. Accompagne d'une salade verte.

tartine de jambon cru et beaufort

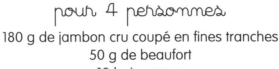

pour 4 personnes

180 g de jambon cru coupé en fines tranches
50 g de beaufort
10 baies roses
4 belles tranches de pain
de campagne toastées

Préchauffe le four à 180 °C (thermostat 6).

Dans un plat à four, étale les tranches
de jambon cru sur les tranches de pain toastées.

Coupe à l'aide d'un couteau économe
de fins copeaux de beaufort.

Dispose-les sur le jambon.

Écrase les baies roses à la fourchette et répartis-les sur les tartines.

Fais cuire les tartines au four pendant 3 à 4 minutes.

Tu peux, en fonction
des saisons et de tes invités,
remplacer l'estragon par du basilic,
de la ciboulette ou du pistou...

Tu peux aussi ne pas
mettre d'herbes du tout.
Si le fromage est un peu
sec, écrase-le avec une
fourchette et mélange-le
avec un peu de lait.

103

tomates cerises jaunes et rouges au chèvre frais

pour 4 personnes

20 tomates cerises rouges
20 tomates cerises jaunes
120 g de chèvre frais
1 cuillerée à soupe d'huile d'olive
10 feuilles d'estragon
sel, poivre

Enlève le pédoncule des tomates,
coupe des chapeaux d' 1 cm d'épaisseur environ,
et vide délicatement, à l'aide d'une cuillère à moka,
les tomates sans percer la chair.

Hache finement les feuilles d'estragon.

Mélange dans un bol le fromage de chèvre avec l' huile d'olive
et les feuilles d' estragon hachées. Sale et poivre.

Remplis les tomates de cette farce
en donnant un aspect bombé sur le dessus.

Si tu aimes les sensations
fortes, ajoute quelques
tranches de chorizo.

tortilla au chorizo

pour 4 personnes

8 œufs
200 g de pommes de terre épluchées
15 tranches fines de chorizo
2 cuillerées à soupe d'oignon rouge haché
2 cuillerées à soupe de persil haché
3 cuillerées à soupe d'huile d'olive
sel, poivre du moulin

Préchauffe le four à 180 °C (thermostat 6).

Coupe les pommes de terre en petits dés de 5 mm de côté,
passe ces derniers sous l'eau froide pour enlever l'amidon,
puis égoutte-les sur du papier absorbant.

Mets à chauffer l' huile d'olive dans une poêle et fais suer
l' oignon rouge haché pendant 30 secondes sans le laisser colorer.

Ajoute les dés de pomme de terre et fais cuire pendant 8 minutes.

Ajoute ensuite le chorizo et prolonge la cuisson de 2 minutes.

Pendant ce temps, bats les œufs dans un saladier avec le persil haché.

Sale et poivre, puis verse le mélange sur les dés de pomme de terre.

Fais cuire comme une omelette, puis renverse
délicatement la tortilla dans un plat et termine la cuisson
au four pendant 2 minutes pour que les deux faces soient cuites.

Démoule avec précaution sur le plat de service et sers aussitôt.

trilogie de roulés de blanc de dinde au boursin

pour 4 personnes

6 tranches de blanc de dinde
1 mangue fraîche
1 pomme verte
8 cuillerées à soupe de Boursin®

Épluche la pomme et la mangue,
coupe six tranches fines de chaque.

Coupe les tranches de blanc de dinde en deux dans le sens de la longueur.

Étale sur chacune d'elles une cuillerée à soupe de Boursin.

Sur quatre demi-tranches, répartis les rondelles de pomme,
sur quatre autres les rondelles de mangue
et laisse les quatre dernières nature.

Roule chaque tranche.

Coupe chaque rouleau en trois gros morceaux et dispose
sur les assiettes un assortiment de trois saveurs.

C'est aussi très bon
avec des suprêmes
de poulet.

veau façon cordon bleu

pour 4 personnes
4 tranches fines de veau de 80 g chacune
16 feuilles de pousses d'épinard
4 tranches fines de jambon cru de 30 g chacune
4 tranches fines d'emmenthal de 15 g chacune
1 œuf
100 g de chapelure
20 g de farine
8 olives noires hachées
2 cuillerées à café d'huile d'arachide
sel, poivre du moulin

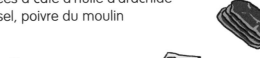

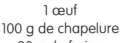

Étale les tranches de veau sur une assiette. Sale et poivre.

Dispose sur chaque moitié de tranche les pousses d'épinard, le jambon cru, le fromage et les olives hachées.

Recouvre avec l'autre moitié pour former un petit chausson.

Bats l'œuf dans un bol, étale la farine et la chapelure dans deux assiettes.

Passe le chausson de veau successivement dans la farine, dans l'œuf battu et enfin dans la chapelure.

Recommence l'opération en ne trempant cette fois le chausson que dans l'œuf battu et la chapelure pour obtenir une belle couche.

Fais chauffer l'huile d'arachide dans une poêle et fais cuire doucement les cordons bleus de chaque côté pendant environ 5 minutes.